STEPHEN R.
COVEY

O 8º HÁBITO

6ª edição

Tradução
Claudia Gerpe Duarte

BestSeller

Franklin Covey®

Rio de Janeiro | 2013

CIP-BRASIL. CATALOGAÇÃO-NA-FONTE
SINDICATO NACIONAL DOS EDITORES DE LIVROS, RJ

C914o Covey, Stephen R., 1932-

O oitavo hábito: miniedição / Stephen R. Covey; tradução de Claudia Gerpe Duarte. – 6ª ed. – Rio de Janeiro:
6ª ed. BestSeller, 2013.

Tradução de: The 8th habit miniature edition

ISBN 978-85-7684-342-9

1. Auto-realização (Psicologia). 2. Sucesso – Aspectos psicológicos. 3. Satisfação. 4. Vocação. I. Título.

CDD: 158.1
08-3671 CDU: 159.947

Título original norte-americano
THE 8TH HABIT MINIATURE EDITON

Projeto gráfico e diagramação: ô de casa

Impresso no Brasil

ISBN 978-85-7684-342-9

SUMÁRIO

A dor,
o problema,
a solução

Escute as vozes

"Estou aprisionado na rotina."
"Não tenho vida própria.
Estou esgotado,
simplesmente exausto."
"Sinto-me frustrado e
desanimado."
"Talvez eu não seja bom
o suficiente."
"Não faço nenhuma
diferença."
"Me sinto só."

"Não posso mudar as coisas."

Essas são as vozes das pessoas no trabalho e em casa – vozes de, literalmente, milhões de pais, trabalhadores, prestadores de serviços, gerentes, profissionais liberais e executivos do mundo inteiro que estão lutando para ter sucesso na nova realidade. A dor é pessoal e profunda. Você talvez se identifique com muitos desses comentários.

O propósito deste livro é fornecer-lhe um mapa que o conduzirá da dor e frustração à verdadeira realização, relevância e contribuição no novo panorama dos nossos dias – não apenas no seu trabalho e na sua organização, como em toda a sua vida. Em resumo, ele o levará a *encontrar sua voz interior.* Se você assim desejar, ele também o levará a expandir enormemente sua influência, independentemente da sua posição – inspirando pessoas com quem você se importa, sua equipe e sua organização a encontrar a própria voz e multiplicar a própria eficácia, crescimento e o impacto que exercem.

Você constatará que essa influência e liderança nascem da *escolha*, e não da posição ou do status.

A melhor maneira, e muitas vezes a única, de abandonar o sofrimento e avançar em direção a uma *solução* duradoura é entender primeiro o *problema* que está causando a dor. Nesse caso, grande parte do problema reside em um comportamento que procede de um paradigma, ou visão da natureza humana, incompleto ou profundamente falho que mina o sentimento de valor das pessoas e inibe os seus talentos e o seu potencial.

A *solução* do problema, como em muitos dos avanços significativos na história humana, reside em um *rompimento fundamental* com os antigos modos de pensar.

Todas as pessoas *escolhem* um de dois caminhos na vida, sejam elas velhas ou jovens, ricas ou pobres, homens ou mulheres. Um deles é o caminho amplo, bastante percorrido, em direção à mediocridade; o outro é o caminho que conduz à grandeza e ao significado. O leque de possibilidades existentes dentro de cada um desses destinos é tão vasto quanto a diversidade de dons e personalidades encontrada na família humana. Mas o contraste entre os dois destinos é tão forte quanto o que existe entre a noite e o dia.

Uma única palavra exprime o caminho em direção à grandeza: Voz. As pessoas que trilham esse caminho descobrem a própria voz e inspiram outras a encontrar a delas. O restante jamais o consegue.

Bem no fundo de cada um de nós há o anseio de viver uma vida de *grandeza* e contribuição, de ser realmente importante e de fazer verdadeira diferença. Podemos duvidar de nós mesmos e da nossa capacidade de fazê-lo, mas quero que você saiba que estou plenamente convencido de que *você pode* viver essa vida. Você tem o potencial dentro de você. Todos nós temos. É o direito nato da família humana.

Todos podemos decidir deixar conscientemente para trás uma vida de mediocridade e viver uma vida de grandeza – em casa, no trabalho e na comunidade. Independentemente das nossas circunstâncias, essa decisão pode ser tomada por cada um de nós – manifestando essa grandeza seja pela escolha de enfrentar com coragem uma doença incurável, ou simplesmente fazendo diferença na vida de uma criança, proporcionando-lhe um sentimento de valor e potencial, tornando-nos catalisadores da mudança em uma organização, ou, ainda, tomando a frente de uma grande causa social. Todos temos o poder de decidir viver uma vida *notável*, ou até mesmo mais simples, de ter não apenas um bom dia, mas um *grande* dia. Não importa por quanto tempo tenhamos seguido o caminho em direção à mediocridade, sempre podemos escolher trocar a trajetória. Sempre. Nunca é tarde demais. Podemos encontramos nossa voz interior.

Uma vez tendo feito a escolha de seguir esse "caminho menos percorrido", a maneira de encontrar a sua voz interior é a seguinte:

1. Descobrir sua voz interior compreendendo a sua verdadeira natureza, o que chamo de três maravilhosos presentes, ou dons, de nascença, e desenvolver e usar com integridade o tipo de inteligência ligado a cada uma das quatro partes da sua natureza.

---

2. Expressar sua voz interior cultivando as mais elevadas manifestações desses tipos de inteligência humana: visão, disciplina, paixão e consciência.

Se você quiser aproveitar ao máximo este livro e dar início a uma poderosa mudança e crescimento na sua vida e na sua organização, recomendo duas idéias simples. Se você fizer essas duas coisas, garanto resultados impressionantes. A primeira é *ensinar* aos outros o que você aprender; a segunda é *aplicar* sistematicamente o que você aprender. Mãos à obra!

Adquirimos melhor
o autoconhecimento por meio
da ação e não da
contemplação. Esforce-se
para cumprir o seu dever e
logo descobrirá do
que você é feito.

– JOHANN GOETHE

Ao passar agora para a parte *Encontre sua voz interior*, reflita sobre as palavras de Abraham Lincoln: "Os dogmas do passado tranqüilo são inadequados para o presente turbulento." Precisamos renovar nossas idéias. Temos de desenvolver não apenas uma nova mentalidade como também um novo conjunto de habilidades e as novas ferramentas que delas procedem. Isso é difícil, pois nos tira da nossa zona de conforto. No entanto, surgiu uma nova realidade, uma nova economia, um novo desafio. Este último, o de não apenas sobreviver, mas de efetivamente prosperar nessa nova realidade, exige uma nova resposta, um novo hábito. Lembre-se de que os hábitos se encontram na interseção do conhecimento, da atitude e da habilidade. À medida que você for desenvolvendo essas três dimensões do 8º hábito, você ficará à altura do novo desafio e das suas ilimitadas possibilidades.

Encontre sua voz interior

A energia para descobrir nossa voz interior reside no potencial que nos coube ao nascer. Latentes e subdesenvolvidas, as sementes da grandeza foram plantadas. Recebemos magníficos "presentes" ou dons ao nascer – talentos, capacidades, privilégios, diferentes tipos de inteligência, oportunidades – que podem permanecer em grande parte latentes, a menos que tomemos nossas próprias decisões e façamos um esforço pessoal. Por causa desses dons, o potencial existente dentro de uma pessoa é tremendo, até mesmo infinito. Realmente não temos a menor idéia da capacidade do ser humano. Um bebê talvez seja a criação mais dependente do universo e, no entanto, em poucos anos ele se torna a mais poderosa. Quanto mais usarmos e ampliarmos nossos talentos atuais, mais talentos receberemos e maior se tornará nossa capacidade.

Vamos examinar os nossos três dons mais importantes:

Primeiro, *a liberdade e capacidade de escolha*;

Segundo, *as leis ou princípios naturais*, que são universais e nunca mudam; e

Terceiro, *os nossos quatro tipos de inteligência/capacidade* – física/econômica, emocional/social, mental e espiritual. Esses quatro tipos de inteligência/capacidade correspondem às quatro partes da natureza humana – simbolizadas pelo corpo, coração, mente e espírito.

O PRIMEIRO DOM QUE RECEBEMOS AO NASCER: *A LIBERDADE DE ESCOLHA*

Quase tanto quanto a própria vida, a capacidade de escolha é o seu maior dom. Esse poder e liberdade estão em profundo contraste com a mentalidade da vitimização e a cultura da culpa, tão prevalentes na sociedade atual. O poder que você tem de dirigir sua própria vida possibilita que reinvente a si mesmo, mude o seu futuro e influencie de um modo intenso o restante da criação. É o dom que possibilita o uso de todos os outros; é o dom que nos permite elevar nossa vida a patamares cada vez mais altos.

A consciência da nossa liberdade e capacidade de escolha é positiva porque pode estimular nossa noção de possibilidade e potencial. Pode também ser ameaçadora, porque repentinamente nos tornamos responsáveis. Podemos receber cobranças. De repente, não existem mais desculpas.

Sem dúvida, existem coisas que nos acontecem e sobre as quais não temos escolha. Uma delas é a nossa constituição genética. No entanto, embora não escolhamos os nossos genes, temos o poder de escolher como reagir a eles.

As pessoas que desenvolvem um poder e uma liberdade interiores cada vez maiores também podem se tornar o que eu chamo de *figura de transição* – aquela que impede que tendências prejudiciais sejam passadas de gerações anteriores para as seguintes (as dos seus filhos e netos). Você também pode ser uma figura de transição na organização onde trabalha.

Eu o desafio a pensar profundamente a respeito desse primeiro dom – a refletir no espaço que existe entre o estímulo e a resposta, e a usá-lo sabiamente para expandir a sua liberdade e permanecer em constante crescimento, aprendendo e contribuindo. Com o tempo, o exercício desse poder ampliará a resposta até que a própria natureza das suas respostas começará a moldar os estímulos. Você cria literalmente o mundo em que vive. O grande filósofo e psicólogo americano William James sempre ensinou que quando mudamos o nosso modo de pensar, modificamos a nossa vida.

O SEGUNDO DOM QUE RECEBEMOS AO NASCER: *AS LEIS OU PRINCÍPIOS NATURAIS*

Examinamos a utilização sábia do espaço entre o estímulo e a resposta, a nossa liberdade de escolha. O que significa "utilização sábia"? Onde está a sabedoria? Basicamente, significa viver em função dos *princípios* ou *leis naturais* em vez de acompanhar a mania de "dar um jeitinho" da cultura atual.

Depois de ter visto a agulha da bússola, aos 4 anos de idade, Einstein entendeu que "tinha de haver algo profundamente escondido por trás das coisas". Isso também se aplica a todas as outras esferas da vida. Os princípios são *universais*, ou seja, transcendem a cultura e a geografia. Também são intemporais, nunca mudam – princípios como justiça, bondade, respeito, sinceridade, integridade, serviço, contribuição. Diferentes culturas podem traduzir esses princípios em práticas diferentes e, com o tempo, podem até mesmo encobri-los completamente pelo uso equivocado da liberdade. Não obstante, eles estão presentes. Assim como a lei da gravitação, eles estão em constante funcionamento.

As leis naturais (como a da gravitação) e os princípios (como o respeito, a sinceridade, a bondade, a integridade, o serviço e a justiça) controlam as conseqüências das nossas escolhas. Assim como poluímos o ar e a água quando violamos sistematicamente o meio ambiente, também destruímos a confiança (a argamassa dos relacionamentos) quando somos continuamente indelicados e falsos com as pessoas. Ao empregar princípios e humildade a liberdade e o poder, a pessoa humilde obtém autoridade moral junto a pessoas, culturas, organizações e sociedades inteiras.

Os valores são normas sociais – são pessoais, emocionais, subjetivos e discutíveis. Todos temos valores. A autoridade moral exige o sacrifício dos interesses egoístas de curto prazo e o exercício da coragem para subordinar os valores sociais aos princípios. E a nossa consciência é o repositório desses princípios.

O TERCEIRO DOM QUE RECEBEMOS AO NASCER: *OS QUATRO TIPOS DE INTELIGÊNCIA DA NOSSA NATUREZA*

Como foi mencionado anteriormente, as quatro partes magníficas da nossa natureza consistem no corpo, mente, coração e espírito. A cada uma dessas partes corresponde uma capacidade, ou tipo de inteligência, que todos possuímos: a inteligência física ou corporal (QF), a inteligência mental (QI), a inteligência emocional (QE) e a inteligência espiritual (QS). Esses quatro tipos de inteligência representam o nosso terceiro dom de nascença.

■ *Inteligência Mental (QI)*

Quando falamos de inteligência, geralmente pensamos em função da *Inteligência Mental (QI)*, ou seja, a nossa capacidade de analisar, raciocinar, pensar de um modo abstrato, usar a linguagem, visualizar e compreender. Mas essa interpretação da inteligência é demasiadamente limitada.

■ *Inteligência Física (QF)*

A *Inteligência Física* (QF) do *corpo* é outro tipo de inteligência da qual estamos implicitamente cientes, mas que muitas vezes negligenciamos. Basta pensar no que seu corpo faz sem nenhum esforço consciente. Ele administra os seus sistemas respiratório, circulatório e nervoso, além de outros de importância vital.

Ele está constantemente esquadrinhando o seu ambiente, destruindo células enfermas e lutando pela sobrevivência.

■ *Inteligência Emocional (QE)*

Inteligência Emocional (QE) é o autoconhecimento, a autoconsciência, a sensibilidade social, a empatia e a capacidade de nos comunicarmos com êxito com as outras pessoas.

Envolve um senso de oportunidade e adequação social, além da coragem de reconhecer fraquezas e expressar e respeitar diferenças.

Fortalecer a inteligência emocional é um dos maiores desafios enfrentados por pais e dirigentes em todos os níveis da organização.

■ *Inteligência Espiritual (QS)*

O quarto tipo é a *Inteligência Espiritual* (QS). Tal como a QE, a QS está se tornando mais corrente nas pesquisas científicas e nos debates filosóficos e psicológicos. A Inteligência Espiritual é o tipo mais central e fundamental de todos porque se torna a fonte de orientação dos outros três. A Inteligência Espiritual representa o nosso impulso em direção ao significado e à ligação com o infinito.

O Desenvolvimento dos quatro tipos de Inteligência/Capacidade

Como essas quatro dimensões da vida obviamente se sobrepõem, não é possível trabalhar exclusivamente com uma delas sem afetar, direta ou indiretamente, as demais. Desenvolver e usar cada um desses tipos de inteligência inculcará em você uma confiança tranqüila, força e segurança interiores, a capacidade de ser ao mesmo tempo corajoso e atencioso, bem como autoridade moral pessoal. Sob muitos aspectos, o seu esforço de desenvolver esses tipos de inteligência exercerão um impacto profundo na sua capacidade de influenciar as outras pessoas e de inspirá-las a encontrar suas vozes.

Também constatei que ao fazer quatro simples suposições na nossa vida podemos começar imediatamente a viver de forma mais equilibrada, integrada e poderosa. Elas são simples – uma para cada parte da nossa natureza –, mas garanto que se você as aplicar sistematicamente, encontrará um novo manancial de força e integridade ao qual poderá recorrer quando mais precisar.

1. Para o corpo – imagine que sofreu um ataque cardíaco; agora viva de uma maneira condizente com isso.

---

2. Para a mente – imagine que o tempo de vida médio da sua profissão é de dois anos; agora prepare-se em função disso.

---

3. Para o coração – imagine que uma outra pessoa pode ouvir tudo o que você fala dela; agora fale de acordo com isso.

---

4. Para o espírito – imagine que você tem um encontro pessoal com o seu Criador a cada trimestre; agora viva tendo isso em mente.

Expresse sua voz interior

Quando estudamos a vida de todos os grandes realizadores – os que exerceram uma enorme influência sobre outras pessoas, os que fizeram contribuições significativas, os que simplesmente fizeram as coisas acontecerem – encontramos um padrão. Por meio do esforço persistente e da luta interior, eles expandiram enormemente seus quatro tipos inatos de inteligência ou capacidade. As mais elevadas manifestações desses quatro tipos de inteligência são as seguintes: na mental, a visão; na física, a disciplina; na emocional, a paixão; na espiritual, a consciência. Essas manifestações também representam os nossos mais elevados meios de expressar a voz.

A VISÃO, A DISCIPLINA E A PAIXÃO GOVERNAM O MUNDO

Qualquer pessoa que tenha exercido uma profunda influência sobre outras, em instituições ou na sociedade, qualquer pai ou mãe cuja influência tenha sido intergeracional, qualquer um que tenha realmente feito uma diferença para o bem ou para o mal, possuía três atributos em comum: visão, disciplina e paixão. Na minha opinião, esses três atributos governam o mundo desde os seus primórdios. Eles representam a liderança que funciona.

Quando a visão, a disciplina e a paixão são governadas por uma autoridade formal desprovida de consciência ou autoridade moral, essa também modifica o mundo, mas não para o bem e sim para o mal. Em vez de elevar, destrói; em vez de durar, acaba sendo, com o tempo, extinta.

Vamos examinar agora, mais de perto, cada um desses atributos: a visão, a disciplina, a paixão e a consciência.

VISÃO

A visão envolve enxergar um estado futuro com o olho da mente. A visão é a imaginação aplicada. Todas as coisas são criadas duas vezes: primeiro, tem lugar uma criação mental; segundo, uma criação física. A primeira criação, a visão, é o início do processo de reinvenção da pessoa ou da organização. Ela representa desejos, sonhos, esperanças, objetivos e planos. Mas esses sonhos e visões não são apenas fantasias. São uma realidade ainda não trazida à esfera física, como a planta de uma casa antes desta ser construída ou uma partitura à espera de ser tocada.

Cada um de nós tem um imenso poder e grande capacidade de reinventar a nossa vida. Albert Einstein disse: "A imaginação é mais importante do que o conhecimento." A memória é o passado. É finita. A visão é o futuro. É infinita. A visão é maior do que a história, do que a bagagem e do que as feridas emocionais do passado.

Talvez a visão mais importante de todas seja desenvolver um sentimento do eu, do nosso destino, da nossa missão e do nosso papel exclusivo na vida, um sentimento de propósito e significado. Ao testar a sua visão pessoal, pergunte primeiro a si mesmo: a visão utiliza a minha voz, a minha energia, o meu talento especial? Ela me confere um sentimento de "vocação", uma causa que mereça a minha dedicação? A aquisição desse significado exige uma profunda reflexão pessoal, a formulação de perguntas profundas e imaginação.

Quando falamos a respeito da visão, é importante considerar não apenas a visão do que é possível "lá fora", mas também a visão do que vemos em outras pessoas, seu potencial invisível. Cultivar o hábito de incentivar as pessoas e dar a entender, com freqüência e sinceridade, que você tem confiança nelas – particularmente no que diz respeito a adolescentes que estão passando pela segunda crise de identidade – é da maior importância. É um investimento relativamente pequeno com resultados incalculáveis, inacreditáveis. Repetindo, lembre-se do incrível efeito que exercem sobre nós as palavras de uma pessoa que afirma acreditar em nós, no nosso potencial, quando não acreditamos em nós mesmos.

DISCIPLINA

A disciplina é tão importante quanto a visão, embora esteja em segundo lugar na seqüência. Ela é a execução, o fazer acontecer, o sacrifício que tem lugar quando fazemos o que é necessário para concretizar a visão. A disciplina define a realidade e a aceita; é a disposição de mergulhar totalmente nela, em vez de negá-la. A disciplina reconhece os fatos renitentes e cruéis das coisas como elas são.

Na ausência da visão e de um sentimento de esperança, a aceitação da realidade pode ser deprimente e desalentadora. A felicidade é às vezes definida como a capacidade de subordinar o que desejamos agora ao que desejamos no final. Esse sacrifício pessoal, o processo de subordinar o prazer de hoje em prol de um prazer maior, a longo prazo, é exatamente o que é a disciplina.

A maioria das pessoas equipara a disciplina à falta de liberdade. "A idéia da obrigação mata a espontaneidade." "Não existe nenhuma liberdade quando 'temos que' fazer alguma coisa." "Quero fazer o que tenho vontade. Afinal, isso é liberdade, não um dever."

Na realidade, o oposto é verdadeiro. Apenas as pessoas disciplinadas são verdadeiramente livres. As indisciplinadas são escravas das alterações de humor, dos apetites e das paixões.

Acredito sinceramente que a disciplina seja uma característica comum de todas as pessoas bem-sucedidas. Aquelas que não têm disciplina, que são incapazes de subordinar os seus impulsos e de se sacrificar, simplesmente fingem que estão trabalhando. De certo modo, cada dia de trabalho se torna um longo baile à fantasia. Elas passam o dia criando cortinas de fumaça, digitando e-mails detalhando o trabalho que estão fazendo, deixando mensagens telefônicas relatando o status de projetos, promovendo longas reuniões para discutir como fazer as coisas. Em geral, as pessoas que passam o tempo arranjando desculpas não têm nem foco nem disciplina. Os contratempos são inevitáveis; a infelicidade é uma escolha. Sempre há razões, nunca uma desculpa.

PAIXÃO

A paixão nasce no coração e se manifesta como otimismo, empolgação, conexão emocional, determinação. Ela emite um impulso incessante. O entusiasmo está profundamente arraigado no poder da escolha e não no das circunstâncias.

Aristóteles disse: "A nossa vocação reside onde se cruzam os talentos e as necessidades do mundo." Poderíamos dizer: "Ali reside nossa paixão, nossa voz" – aquilo que energiza nossa vida e nos confere impulso. É o incentivo na essência da visão e da disciplina. É o que nos dá força para continuar quando tudo mais pode nos querer levar a desistir. Quando o médico perguntou a um paciente quantas horas por semana ele trabalhava, o paciente respondeu: "Não sei. Quantas horas por semana o senhor respira?" Quando a vida, o trabalho, a diversão e o amor giram em torno da mesma coisa, estamos na presença da paixão!

O segredo para criar paixão na sua vida é descobrir os seus talentos exclusivos, seu papel e seu propósito especiais no mundo. É comum confundirmos erroneamente habilidades com talentos. No entanto, as habilidades não são talentos. Estes, por outro lado, requerem habilidades. As pessoas podem ter habilidades e conhecimento em áreas nas quais o seu talento não esteja presente. Se elas tiverem um emprego que exija as suas habilidades, mas não os seus talentos, as organizações nunca conseguirão aproveitar a paixão ou sua voz. Essas pessoas executarão o seu trabalho de maneira rotineira, o que apenas fará com que pareçam precisar de supervisão e motivação externas.

Quando você puder se dedicar a um trabalho que reúna uma necessidade, o seu talento e a sua paixão, o poder será revelado.

CONSCIÊNCIA

Uma grande quantidade de evidências mostra que a consciência, esse senso moral, essa luz interior, é um fenômeno universal. A natureza espiritual ou moral das pessoas independe da religião ou de qualquer abordagem religiosa particular, da cultura, da geografia, da nacionalidade ou da raça. No entanto, todas as principais tradições religiosas remanescentes do mundo estão unificadas no que diz respeito a certos princípios ou valores subjacentes básicos.

Immanuel Kant disse o seguinte: "Fico constantemente admirado com duas coisas: o céu estrelado lá em cima e a lei moral aqui dentro". A consciência é a lei moral interior. É a sobreposição da lei e do comportamento moral. Como trabalho em países de diferentes culturas e religiões, já tive a oportunidade de ver essa consciência universal repetidamente revelada. Há realmente um conjunto de valores, sentimentos de *justiça, sinceridade, respeito* e *contribuição* que transcendem a cultura – algo que é intemporal, que transcende as eras e é auto-evidente. Repetindo: é tão auto-evidente quanto o fato de que a confiança exige dignidade.

A *consciência altera profundamente a visão, a disciplina e a paixão ao nos introduzir no mundo dos relacionamentos.* Ela nos conduz de um estado independente para um interdependente. Quando isso acontece, tudo se altera. Percebemos que a visão e os valores precisam ser compartilhados antes que as pessoas se mostrem dispostas a aceitar a disciplina institucionalizada de estruturas e sistemas que incorporam esses valores compartilhados. Essa visão compartilhada cria disciplina e ordem sem exigi-las. A consciência freqüentemente nos diz o *porquê*, a visão identifica *o que* estamos tentando realizar, a disciplina representa *como* vamos realizar e a paixão, a força dos sentimentos que estão por trás do porquê, do que e do como.

Volto a recomendar esta simples maneira de pensar a respeito da vida:

À medida que respeitamos, desenvolvemos, integramos e equilibramos esse tipos de inteligência e suas manifestações mais elevadas, a sinergia entre elas acende nosso *fogo interior* e encontramos nossa voz.

PESSOA INTEGRAL	4 NECESSIDADES	4 TIPOS DE INTELIGÊNCIA/ CAPACIDADE
CORPO	Viver	Inteligência Física (QF)
MENTE	Aprender	Inteligência Mental (QI)
CORAÇÃO	Amar	Inteligência Emocional (QE)
ESPÍRITO	Deixar um legado	Inteligência Espiritual (QS)

4 ATRIBUTOS	VOZ
Disciplina	**Necessidade** (“Ver” a satisfação das necessidades)
Visão	**Talento** (Foco disciplinado)
Paixão	**Paixão** (Adorar fazer)
Consciência	**Consciência** (Fazer o que é certo)

Inspire os outros a encontrar suas vozes

Na vida de todos nós,
em algum momento,
o fogo interior se apaga.
Ele então
se acende novamente
quando nos encontramos
com outro ser humano.
Devemos ser gratos
a essas pessoas
que reavivam
o espírito interior.

– ALBERT SCHWEITZER

Quando eu era jovem, passei por uma experiência com um líder que afetou profundamente o restante da minha vida. Sua confiança, a capacidade que ele tinha de enxergar em mim muito mais do que eu via, a sua disposição de me confiar uma responsabilidade que me faria atingir o meu potencial desencadearam algo dentro de mim. Encontrei a minha "voz". Foi o líder que me inspirou a encontrá-la. As minhas atividades na área do magistério e da consultoria, bem como minhas funções de liderança em organizações empresariais, acadêmicas, voluntárias e religiosas – especialmente na minha família – me ensinaram que a influência da liderança é regida por princípios. Quando vivemos de acordo com eles, nossa influência e autoridade moral aumentam e, muitas vezes, recebemos ainda mais autoridade formal.

Simplificando, no nível mais elementar e prático, *liderar é comunicar às pessoas o seu valor e o seu potencial de uma forma tão clara que elas acabem por enxergá-los em si mesmas.* Comunicar o valor e o potencial de outras pessoas de um modo tão claro, tão intenso e tão sistemático que as levem a vê-los em si mesmas significa colocar em movimento o processo de *ver*, *fazer* e *tornar-se*.

Vamos examinar o meio mais comum e contínuo, depois dos relacionamentos, de comunicar às pessoas o seu valor e o seu potencial: a organização. Em resumo, uma *organização* é composta por pessoas que têm um *relacionamento* e um *propósito comum*. Você poderá constatar, então, como essa aplicação na organização se adapta a cada um de nós.

Minha experiência e a prática de ensino também me levaram a concluir que o segredo para entender o comportamento organizacional não é estudá-lo isoladamente, e sim analisar e compreender a natureza humana. Uma vez que entendemos seus elementos fundamentais, temos a chave que libera o potencial existente dentro das pessoas e das organizações.

ABALOS SÍSMICOS GLOBAIS

Ao avançar em busca de um entendimento mais profundo do desafio organizacional, eu o convido a examinar sete abalos sísmicos que caracterizam a nova Era do Trabalhador do Conhecimento. Neles, você encontrará o contexto do local de trabalho dos dias de hoje, bem como o dos seus desafios pessoais.

• • • • • • • •

- A globalização dos mercados e das tecnologias;
- O surgimento da conectividade universal;
- A democratização das informações/expectativas;
- Um aumento exponencial da concorrência;
- A transferência da criação de riqueza do capital financeiro para o capital intelectual e social;
- Liberdade de ação.

PROBLEMAS CRÔNICOS E AGUDOS

Tanto o corpo físico quando as organizações encerram dois tipos de problemas: os crônicos e os agudos. Crônico significa subjacente, causal, continuado. Agudo quer dizer doloroso, sintomático, debilitante. À semelhança das pessoas, as organizações têm problemas crônicos que ainda não se tornaram agudos. Tratar os problemas agudos pode mascarar o problema crônico subjacente.

Se negligenciarmos o corpo, a mente, o coração e o espírito, teremos quatro problemas crônicos em uma organização – *falta de confiança*, *ausência de visão* e *valores compartilhados*, *desalinhamento* e *enfraquecimento* – e todos os sintomas agudos que os acompanham.

O resultado coletivo desses problemas crônicos e seus sintomas é a dor aguda do fracasso no mercado, o fluxo de caixa negativo, a baixa qualidade, os custos inchados, a inflexibilidade, a lentidão e muitas acusações: temos uma cultura de culpa em vez de uma cultura de responsabilidade.

A SOLUÇÃO DA LIDERANÇA NAS ORGANIZAÇÕES

Cada uma das pessoas que encontrou a própria voz tem o poder de reescrever o software defeituoso da Era Industrial – "chefe, regras, eficiência e controle" – nas organizações. O processo envolve quatro funções que se tornam o antídoto para os quatro problemas organizacionais crônicos. Essas funções são as manifestações positivas do corpo, do coração, da mente e do espírito na organização, enquanto os quatro problemas crônicos são as manifestações negativas da sua negligência.

Os Quatro Papéis da Liderança são simplesmente quatro qualidades da liderança pessoal – visão, disciplina, paixão e consciência – *ampliadas* para a organização.

• • • • • • • •

- *Modelar* (consciência): dar um bom exemplo.
- *Descobrir caminhos* (visão): determinar o trajeto em conjunto.
- *Alinhar* (disciplina): estabelecer e gerenciar sistemas para manter o rumo.
- *Fortalecer* (paixão): concentrar o talento nos resultados, não nos métodos, e depois deixar as pessoas à vontade, prestando ajuda quando for solicitado.

• • • • • • • •

Esses quatro papéis também são altamente interdependentes. Em determinado sentido, são seqüenciais. Entretanto, em outro, são simultâneos. Ambos os sentidos estão corretos. Uma vez que você entenda a importância dessa seqüência, verá por que, embora as duas coisas sejam interdependentes, é fundamental pagar primeiro o preço do esforço para encontrar a sua voz pessoalmente antes mesmo de tentar desenvolver as habilidades necessárias para construir relacionamentos de alta confiança e a resolução criativa de problemas. Colocar o serviço acima do eu confere significado aos três níveis e nos conduz à

Era da Sabedoria, o quinto estágio da civilização.

Com essa seqüência em mente, vamos deixar agora o *desenvolvimento do caráter* envolvido na descoberta da nossa *própria* voz e seguir em direção ao *desenvolvimento de habilidades*, ao *desenvolvimento de equipes* e *de sistemas* necessários para inspirar outras pessoas a encontrar a própria voz nas organizações.

Foco e execução

Precisamos nos tornar
a mudança que pretendemos
para o mundo.

– GANDHI

Tudo o que abordamos até aqui pode ser basicamente resumido em duas palavras: Foco e Execução. Nelas verdadeiramente encontramos a "simplicidade que está além da complexidade". O foco lida com o que é mais importante, e a execução, com o fazer acontecer. O best seller de negócios de vanguarda Execução: A disciplina para atingir resultado, de autoria de Ram Charan e Larry Bossidt, influenciou as minhas idéias com relação a essa síntese em duas palavras.

Os dois primeiros papéis da liderança – *modelar* e *descobrir caminhos* – podem ser resumidos em uma única palavra: foco. Os outros dois – alinhar e fortalecer – também podem ser sintetizados em uma palavra: execução. Como assim? Pense a respeito. Descobrir caminhos é, em essência, um trabalho estratégico; é decidir quais são as metas de alta prioridade, os valores que servirão de diretrizes na realização e sustentação dessas metas. Entretanto, isso exige tanto um entendimento claro quanto um compromisso da cultura com relação a esses objetivos. Esse compromisso se baseia na confiança, na confiabilidade e na sinergia – a essência da modelagem. Somente quando houver uma autêntica confiabilidade pessoal e interpessoal é que a confiança se desenvolverá e a sinergia da equipe será eficaz. Essa modelagem pessoal/interpessoal envolve o respeito mútuo, o entendimento mútuo e a cooperação criativa (Hábitos 4, 5 e 6) para produzir um conjunto claro e engajado de metas altamente prioritárias (Hábito 2: Comece com o Objetivo em Mente). Essa confiabilidade pessoal/interpessoal baseia-se, por sua vez, na lealdade das pessoas com relação aos seus valores e metas – em outras palavras, no foco e na execução pessoais. É o Hábito 3:

Primeiro o Mais Importante. A expressão "primeiro o mais importante" é outra maneira de descrever foco e execução.

Os outros dois papéis da liderança, *alinhar* e *fortalecer*, representam a *execução*. Significa criar estruturas, sistemas e processos (*alinhar*) que intencionalmente capacitem as pessoas e as equipes a traduzir as metas estratégicas mais amplas da organização, a sua "linha de mira", ou as suas prioridades fundamentais (descobrir caminhos), no trabalho do dia-a-dia e nos objetivos da equipe.

Em resumo, as pessoas são *fortalecidas* para executar o seu trabalho.

O foco e a execução são inseparáveis. Em outras palavras, enquanto as pessoas não estiverem em sintonia, não apresentarão uma execução coerente. Se você usar o modelo transacional de comando e controle da Era Industrial para obter foco, você não será capaz de usar o modelo de transformação fortalecedor da Era do Trabalhador do Conhecimento para conseguir a execução – simplesmente porque, sem envolvimento e/ou identificação, a dedicação emocional ao foco será inexistente. A execução simplesmente não terá lugar. Da mesma forma, se você usar uma abordagem do trabalhador do conhecimento/envolvimento/fortalecimento para chegar a um foco comum, mas ao mesmo utilizar uma abordagem da Era Industrial/comando e controle para a execução, você não conseguirá manter o foco porque as pessoas perceberão a sua falta de sinceridade e integridade.

Por outro lado, se você usar o modelo da Era do Conhecimento tanto no foco (modelar, descobrir caminhos) quanto na execução (alinhar, fortalecer), você inserirá integridade e confiabilidade na cultura organizacional. A organização não apenas encontrará a própria voz, como também a utilizará para atender admiravelmente aos seus propósitos e a todas as pessoas que, de uma forma ou de outra, tenham algum interesse ou envolvimento na organização.

Sou seu constante companheiro.
Sou seu maior ajudante
ou sua carga mais pesada.
Eu farei você avançar ou
o arrastarei para o fracasso.
Estou completamente sob
seu comando.
Metade das coisas que você faz
poderão me ser entregues,
e conseguirei executá-las
com rapidez e correção.
Sou facilmente gerenciado;
basta que seja firme comigo.

Mostra-me exatamente
como quer que algo seja feito,
e depois de algumas aulas
eu o farei automaticamente.
Sou o servidor de todas
as pessoas notáveis,
bem como de todos os
fracassados.
Para os fracassados,
produzi fracassos.
Não sou uma máquina,
embora trabalhe com
a precisão de uma aliada

à inteligência de

um ser humano.

Pode me usar para o lucro

ou para a ruína – não faz a

menor diferença para mim.

Pegue-me, treine-me, seja

firme comigo, e colocarei o

mundo aos seus pés.

Seja fraco comigo, e eu

o destruirei.

Quem sou eu?
Sou o hábito.

– ANÔNIMO

A era da sabedoria

O impulso interior para 1) Encontrar a sua voz interior e 2) Inspirar os outros a encontrar a deles é alimentado por um grande e abrangente propósito: satisfazer as necessidades humanas. Também é a melhor maneira de alcançar as duas coisas. Sem ir além e satisfazer as necessidades humanas, não expandimos nem desenvolvemos a nossa liberdade de escolha como realmente poderíamos. Crescemos mais no aspecto pessoal quando nos doamos aos outros. Nossos relacionamentos melhoram e se aprofundam quando tentamos juntos servir à nossa família, a outra família, a uma organização, a uma comunidade ou a outra necessidade humana.

As organizações são criadas para atender às necessidades humanas. Não há outra razão para a sua existência.

Creio que este milênio se *tornará* a Era da Sabedoria. Isso acontecerá seja pela força das circunstâncias que torna as pessoas humildes, seja pela força da consciência – ou talvez das duas.

Relembre as Cinco Eras da Voz da Civilização. A tecnologia da Era da Caça e da Colheita era simbolizada pelo arco e flecha; a Era Agrícola, pelo equipamento necessário ao cultivo; a Era Industrial, pela fábrica; a Era da Informação/Trabalhador do Conhecimento, pelo ser humano; a Era da Sabedoria, pela bússola, que representa o poder de escolher a nossa direção e propósito, e obedecer às leis ou princípios naturais (norte magnético) que nunca mudam e são universais, intemporais e auto-evidentes.

Lembre-se de que com cada mudança na infra-estrutura mais de 90 por cento das pessoas acabaram ficando sem emprego. Acredito que seja o que está acontecendo agora à medida que deixamos a Era Industrial e avançamos para a Era da Informação/Trabalhador do Conhecimento. As pessoas ou estão perdendo o emprego ou gradualmente sendo transformadas pelas novas exigências das suas funções. Pessoalmente acredito que mais de 20 por cento da força de trabalho atual esteja se tornando obsoleta e que, a menos que essas pessoas se redediquem e se reinventem, em poucos anos, outros 20 por cento se tornarão obsoletos.

A Era da Informação está se transformando tão rapidamente na Era do Trabalhador do Conhecimento que um contínuo investimento na nossa formação e treinamento se fará necessário para que possamos nos manter atualizados. Grande parte disso resultará da escola da vida, mas as pessoas que enxergam o que está acontecendo e que são disciplinadas continuarão sistematicamente a adquirir conhecimentos até assimilar a nova mentalidade e o novo conjunto de ferramentas necessárias para antever e se ajustar às realidades da nova era. Esperamos que isso pouco a pouco se transforme em uma Era de Sabedoria, na qual a informação e o conhecimento estejam impregnados de propósitos e princípios.

Para você, leitor, confirmo o seu valor e o seu potencial. Espero sinceramente que os princípios deste livro tenham sido transmitidos com clareza suficiente para que você não apenas tenha constatado o valor e o potencial existentes em você, como também que venha a Encontrar a sua Voz e viver uma vida de grandeza inspirando muitas outras pessoas, organizações e comunidades a encontrar suas vozes.

Mesmo que você viva em circunstâncias horríveis, é nelas que você será chamado a escolher a sua resposta. É então que a "vida nos chama" a servir os que estão à nossa volta e de cujas necessidades tomamos consciência. E é ao fazê-lo que encontramos a nossa verdadeira "voz" na vida.

Sobre a FranklinCovey

Nossa Missão:

Promover a grandeza das pessoas e organizações em todo mundo.

A FranklinCovey é líder global em treinamentos em eficácia, ferramentas de produtividade, estratégia de execução e serviços de avaliação para organizações e indivíduos. Atualmente está em mais de 144 países, conduzindo negócios e mais de 30 idiomas. Entre seus clientes estão 90% da *Fortune 500* e 75% da *Fortune 100*, e centenas de pequenas e médias empresas, bem como instituições governamentais e educacionais em todo o mundo.

No Brasil, a FranklinCovey já ministrou treinamentos para centenas das maiores empresas, entre elas: Embraer, Faber-Castell, Instituto NOKIA, Nestlé, Tubos e Conexões Tigre, Roche, Universidade Mc Donald's, Petrobrás, HSBC, entre outros.

Atualmente, além de sua unidade principal no Brasil, localizada em São Paulo, a FranklinCovey possui unidades de negócios espalhadas por todo país.

onheça mais sobre as soluções e produtos da FranklinCovey!

A FranklinCovey Brasil
Rua Flórida, 1568 - Brooklin - São Paulo-SP - CEP 04565-001
Tel: (11) 5105-4400/ Fax: (11) 5506-6965
info@franklincovey.com.br - www.franklincovey.com.br

FranklinCovey

Este livro foi composto na tipologia
Electra LH, em corpo 11/16.35
e impresso em papel couché fosco 150g/m²
na Prol Gráfica.